Monika Matschnig

30 Minuten um Körpersprache zu verstehen

Bibliografische Information Der Deutschen Bibliothek

Die Deutsche Bibliothek verzeichnet diese Publikation in der Deutschen Nationalbibliografie; detaillierte bibliografische Daten sind im Internet über http://dnb.ddb.de abrufbar.

Wird empfohlen von
N24

Umschlag und Layout: die Imprimatur, Hainburg
Lektorat: Diethild Bansleben, Hanau
Satz: Zerosoft, Timisoara, Rumänien
Druck und Verarbeitung: Salzland Druck, Staßfurt

2. Auflage 2008

Hinweis:
Das Buch ist sorgfältig erarbeitet worden. Dennoch erfolgen alle Angaben ohne Gewähr. Weder Autor noch Verlag können für eventuelle Nachteile oder Schäden, die aus den im Buch gemachten Hinweisen resultieren, eine Haftung übernehmen.

Printed in Germany

ISBN 978-3-89749-716-0

www.gabal-verlag.de

In 30 Minuten wissen Sie mehr!

Dieses Buch ist so konzipiert, dass Sie in kurzer Zeit prägnante und fundierte Informationen aufnehmen können. Mithilfe eines Leitsystems werden Sie durch das Buch geführt. Es erlaubt Ihnen, innerhalb Ihres persönlichen Zeitkontingents (von 10 bis 30 Minuten) das Wesentliche zu erfassen.

Kurze Lesezeit

In 30 Minuten können Sie das ganze Buch lesen. Wenn Sie weniger Zeit haben, lesen Sie gezielt nur die Stellen, die für Sie wichtige Informationen beinhalten.

- Alle wichtigen Informationen sind blau gedruckt.

- Schlüsselfragen mit Seitenverweisen zu Beginn eines jeden Kapitels erlauben eine schnelle Orientierung: Sie blättern direkt auf die Seite, die Ihre Wissenslücke schließt.

- *Zahlreiche Zusammenfassungen innerhalb der Kapitel erlauben das schnelle Querlesen. Sie sind blau gedruckt und zusätzlich durch ein Uhrsymbol gekennzeichnet, sodass sie leicht zu finden sind.*

- Ein Register erleichtert das Nachschlagen.

Inhalt

Vorwort

„Jemandem unter die Arme greifen", „große Augen machen" oder „die Hände in den Schoß legen" – diese und ähnliche Redewendungen begegnen uns tagtäglich und wir alle verwenden sie ganz selbstverständlich. Aber haben Sie sich schon einmal gefragt, wie diese geflügelten Worte entstanden sind? Die Antwort ist ganz einfach: durch Körpersprache!

Körpersprache – in Sprichwörtern übersetzt

Einen uns nahestehenden Menschen, dem wir in einer schwierigen Situation beistehen wollen, umarmen wir häufig von der Seite, wobei unsere Hand nicht locker auf der Schulter des anderen liegt, sondern *unter dem Arm*. Stoßen wir auf etwas, das unsere Neugier weckt – Unbekanntes und Ungewohntes –, ziehen wir automatisch die Stirn nach oben und bekommen *große Augen*, um mehr Informationen aufnehmen zu können. Wer schließlich die *Hände in den Schoß legt*, ist keineswegs arbeitsscheu. Er muss in diesem Moment lediglich nicht handeln – lässt die Hände also einfach fallen.

Körpersprache – Ursprache

Keine menschliche Sprache ist so elementar wie unsere Körpersprache – und keine ist so ehrlich. Mit Worten können wir vielleicht jemanden täuschen oder belügen, aber wen überzeugt schon ein aufgesetztes Lachen? Ob wir wollen oder nicht – unser Körper verrät unsere wahren Gefühle und Gedanken. Körperhaltung, Gestik und Mimik richtig zu verstehen, kann von großem Vorteil sein. Einerseits, um sie selbst angemessen einzusetzen, denn ein bestimmtes Körpersignal im richtigen Moment bewirkt manchmal Wunder. Denken Sie nur an die scheuen Blicke und das vorsichtige Lächeln beim Flirten. Andererseits natürlich, um die Körpersignale anderer interpretieren zu können. Wie – das erfahren Sie in den folgenden Kapiteln.

Körpersprache – keine 1:1-Übersetzung möglich

Das heißt jedoch keineswegs, dass Sie hier ein Wörterbuch der Körpersprache in den Händen halten, mit dem sich eine bestimmte Gestik oder Mimik wie ein Begriff aus einer Fremdsprache übersetzen lässt. Interpretation von Körpersprache kann immer nur eine Annäherung an eine vollständige „Übersetzung" sein. Für eine bestmögliche Deutung sollten Sie stets drei entscheidende Faktoren beachten:

- Wie wirke ich auf mein Gegenüber? Bin ich eventuell der Schlüssel für bestimmte Verhaltensweisen?
- Was empfindet der andere, welches Ziel verfolgt er?
- In welchem Umfeld befindet sich mein Gegenüber, wo findet unsere Begegnung statt?

Diese Fragen lassen sich natürlich nie mit Sicherheit beantworten, trotzdem bringen sie Sie der Bedeutung von Körpersignalen ein großes Stück näher. Bei der korrekten Interpretation von Körperhaltung, Gestik und Mimik – sowohl in geschäftlichen wie auch in privaten Situationen – soll Ihnen dieses Buch behilflich sein.

Viel Spaß beim Kennenlernen von Körpersprache wünscht Ihnen

Ihre
Monika Matschnig
www.matschnig.com

1. Wechselwirkungen zwischen Körper und Geist

Hätten Sie gedacht, dass wir, wenn wir einem Menschen zum ersten Mal begegnen, zu 93 Prozent über unsere Körpersprache kommunizieren? 55 Prozent unserer Aufmerksamkeit richten sich auf Haltung, Gestik und Mimik unseres Gesprächspartners, weitere 38 Prozent auf Lautstärke oder Melodie der Stimme. Der Inhalt von dem, was wir hören, interessiert uns im Gegensatz zur Art und Weise, wie es uns vermittelt wird, also nur zu 7 Prozent. Kein Wunder, denn die Körpersprache unseres Gegenübers verrät uns mehr über dessen Persönlichkeit als tausend Worte.

1.1 Nonverbale versus verbale Kommunikation

„Wir können nicht nicht kommunizieren." Bei dieser Feststellung dachte der weltbekannte Psychologe und Psychiater Paul Watzlawick keineswegs nur an unsere verbalen Kommunikationsmöglichkeiten. Denn: Wir sagen immer etwas aus, auch wenn wir nicht sprechen – über uns! Wie? Durch die Art und Weise, wie wir uns in bestimmten Situationen verhalten und wie wir uns unserer Umwelt präsentieren. Hinzu kommt, dass wir unsere Körpersprache – im Gegensatz zu unseren Worten – nur zu einem Bruchteil bewusst steuern. Nichts gibt direkter und unverfälschter über unsere Empfindungen, Gedanken und Erfahrungen Auskunft wie unsere Gestik und Mimik. Hinter Worten können Sie sich ziemlich leicht verstecken, wenn Sie nicht mit der Wahrheit herausrücken wollen. Wie oft haben Sie nicht schon einmal beteuert, wie gut es

Ihnen ginge, obwohl Sie dachten: „Na ja, ging schon mal besser ...“?

Gleiche Sprache?
Für das Verhältnis von dem, was Sie sagen, zu der Art, wie Sie es sagen, gibt es drei Möglichkeiten:

- Ihr Verhalten bestätigt Ihre Worte, indem es die gleiche Botschaft vermittelt. Niemand wird daran zweifeln, dass Sie verärgert sind, wenn Sie mit der Faust auf den Tisch hauen und dabei Ihrer Wut auch verbal Ausdruck verleihen. Ebenso erwarten Sie von einem Freund, der sich nach eigener Aussage freut, Sie zu sehen, einen fröhlichen Gesichtsausdruck.
- Manchmal kann Körpersprache Worte ersetzen. Denken Sie nur an zwei der wichtigsten Körpersignale – das Nicken und das Kopfschütteln, um Zustimmung oder Ablehnung auszudrücken.
- In bestimmten Situationen schließlich können die Signale Ihres Körpers Ihren Worten widersprechen. Ein solcher Widerspruch entsteht meist dadurch, dass Sie etwas sagen, was Sie nicht wirklich denken oder fühlen.

Unklare Botschaften – zwei Beispiele

1. Vor kurzem stöberte ich in einer schicken Modeboutique und entdeckte dort eine tolle Hose. Auf dem Weg in die Umkleidekabine kam ich an der Verkäuferin vorbei. Die junge Frau, die lässig mit verschränkten Armen an einer Vitrine in der Mitte des Ladens lehnte, wandte sich mit monotoner Stimme an mich: „Wenn Sie die Hose in einer anderen Grö-

ße wünschen, bin ich Ihnen gern behilflich." Während sie das sagte, inspizierte sie ihre Fingernägel und stand noch an der gleichen Stelle, als ich den Laden – ohne Hose – verließ.

2. Einige Monate vorher war ich als Moderatorin bei einer Preisverleihung. An diesem Abend sollten innovative Business-Projekte prämiert werden. Den ersten Preis bekam ein junger Mann, der nach Aussage der Jury enorm viel Zeit und Energie in sein Vorhaben investiert hatte. Gegen Ende der Veranstaltung betrat der Preisträger die Bühne, um ein paar Worte zu sagen. Während er da unbeweglich auf der Stelle stand und seine Arme seitlich fest an den Körper drückte, erklärte er dem Publikum, wie sehr es ihn freuen würde, dass sein Projekt gewonnen habe, und dass er es gar nicht fassen könne.

Fällt Ihnen an diesen beiden Beispielen etwas auf? Genau! Mund (Geist) und Körper sprechen hier nicht die gleiche Sprache. Wenn mir jemand seine Hilfe anbietet, bedeutet das, dieser Mensch ist bereit zu handeln. Eine Person, die die Arme verschränkt, suggeriert jedoch genau das Gegenteil. Genauso ist es mit Begeisterung. Von jemandem, der von solch intensiven Gefühlen spricht, erwarten wir ein entsprechendes Verhalten. Denn wen etwas emotional bewegt, der ist meist auch körperlich bewegt – es sei denn, es handelt sich um eine extrem schüchterne und introvertierte Person.

Schalten Sie auf Gleichklang

Was zeigen diese Geschichten? Wenn die Worte eines Menschen etwas ganz anderes aussagen als seine Körpersprache, macht uns das misstrauisch. Dieser Mensch wirkt auf uns – wenn auch unbewusst – unaufrichtig und dadurch unsympathisch. Deshalb Vorsicht: Versuchen Sie weder durch Worte noch durch Körpersprache etwas vorzutäuschen. Ihr Gegenüber bemerkt diese Unstimmigkeit sowieso und erhält einen entsprechend negativen Eindruck von Ihnen.

Denken Sie daran: Ihr Verhalten verrät vielleicht nicht genau das, was Sie durch Worte verbergen möchten. Ihre Körpersprache lässt jedoch immer darauf schließen, ob Sie Ihre wahren Gedanken offenbaren oder nicht. Benehmen Sie sich nicht stimmig, wirken Sie auf andere unsympathisch.

1.2 Jeder Körper spricht eine andere Sprache

Jeder Mensch ist anders – wieso sollten wir also alle die gleiche Körpersprache sprechen? Auch wenn wir dieselben Signale in Gestik und Mimik benutzen, so gibt es bezüglich der nonverbalen Kommunikation doch erhebliche Unterschiede. Dies liegt vor allem daran, dass jeder von uns seinen Körper mehr oder weniger intensiv als Sprachrohr einsetzt.

Zwei Extreme: der Extravertierte und der Introvertierte

Betrachten Sie einen sehr extravertierten Menschen: Seine gesamte Körpersprache wirkt energiegeladen und lebhaft. Das zeigt sich sowohl in ausladenden und

überschwänglichen Gesten, die vorwiegend vom Körper wegführen, wie auch in einer ausdrucksstarken Mimik. Neben einer aufrechten Haltung zeichnet diesen Typus eine schnelle und tänzelnde Gangart aus.
Ganz anders der introvertierte Typ: Bei ihm wirkt alles gedämpft – wenig Mimik, kleine Gesten, die meist zum Körper hinführen, und eine gebückte Haltung. Diese minimale Körpersprache verrät kaum etwas, weshalb Menschen dieses Typs (auf den ersten Blick) schwer durchschaubar sind.

Körpersprache muss zum Typ passen
Natürlich ist niemand ein hundertprozentig extravertierter oder introvertierter Mensch, sondern findet sich irgendwo dazwischen wieder. Doch ganz gleich, was für ein Typ jemand ist – seine Körpersprache muss zu ihm passen. Selbstverständlich kann ein schüchterner Mensch versuchen, ein wenig selbstbewusster aufzutreten – trotzdem wird er sich nicht in einen Showmaster verwandeln, indem er stärker gestikuliert. Das würde aufgesetzt und unnatürlich wirken.

*Dadurch, dass Sie eine fremde Körpersprache adaptieren, ändert sich nichts an Ihrer Persönlichkeit.
Sie wirken lediglich unauthentisch und damit unsympathisch.*

1.3 Der Körper als Spiegelbild der Seele

Ihre Worte und Ihr Verhalten sind zwei ganz unterschiedliche Kanäle, über die Sie nach außen kommunizieren können. Dennoch sind sie keineswegs unabhängig voneinander. Vielmehr bilden Ihre Gedanken und Ihre Körpersprache eine untrennbare Einheit und beeinflussen sich daher gegenseitig. Nicht nur Ihre momentane Gefühlslage lässt sich an Ihrem Verhalten ablesen – auch Erfahrungen, die Sie im Laufe Ihres Lebens gemacht haben, prägen Ihre Haltung, Gestik und Mimik.

Unter einer Bürde ächzend ...

Stellen Sie sich einen trauernden Menschen vor, der einen schweren Schicksalsschlag erlitten hat. Was sehen Sie vor Ihrem inneren Auge? Bestimmt keinen Menschen, der aufrechten Ganges und mit beschwingtem Schritt durchs Leben geht. Jemand, der eine große emotionale Last auf seinen Schultern trägt, erscheint im wahrsten Sinne des Wortes niedergedrückt. Seine Schultern hängen nach unten, sein Blick ist gesenkt – ihm fehlt jegliche Energie. Genauso ist es bei depressiven Menschen. Der Ballast negativer Gedanken verlangsamt ihren gesamten Bewegungsablauf und versteinert ihre Mimik.

... oder himmelhoch jauchzend

Den ungekehrten Effekt erzielen positive Erlebnisse. Erinnern Sie sich noch daran, als Sie das letzte Mal so richtig in Hochstimmung waren? Wie haben Sie sich zum Beispiel gefühlt, als Sie frisch verliebt waren oder einen wichtigen Geschäftsabschluss erreicht hatten? Ich wette, Sie waren voller Energie und extrem selbstbewusst. Und welche Auswirkungen hatte diese Stimmung auf Ihre Körpersprache? Bestimmt hat sich Ihr

Körper gestrafft und aufgerichtet, Sie sind aus sich herausgegangen und haben intensiver gestikuliert als sonst. Ihre Mimik war sicherlich strahlend und freundlich.

Was ein Mensch denkt und fühlt, wie er empfindet – seine gesammelte Erfahrung wie seine momentane Stimmung –, spiegelt sich in seiner Körpersprache: Eine positive Stimmung zeigt sich in aufrechter Haltung, negative Erlebnisse drücken einen Menschen körperlich sichtbar nieder.

1.4 Die Stimmung als Spiegelbild des Körpers

Ebenso wie Ihr psychisches Befinden sich in Ihrem Verhalten widerspiegeln kann, ist es umgekehrt möglich, mithilfe von Körpersprache Einfluss auf die eigene Stimmung zu nehmen. Sie glauben das nicht? Dann wagen Sie einmal die folgenden Übungen:

So beeinflussen Sie körperlich Ihre Stimmung

- Setzen Sie sich hin, als ob Sie traurig sind: Sie sitzen da – niedergeschlagen und völlig kraftlos – mit hängenden Schultern, gesenktem Kopf und nach unten gezogenen Mundwinkeln. Automatisch werden Sie die imaginäre Last in Ihrem Nacken spüren. Versuchen Sie jetzt, in dieser Haltung einen positiven Gedanken zu fassen – es wird nicht funktionieren.

- Jetzt einmal anders herum: Richten Sie sich auf, Brust raus, Kopf nach oben, Blick nach vorne, ein Lächeln auf den Lippen. Atmen Sie tief ein und versuchen Sie dann, an etwas Negatives zu denken. Es wird Ihnen genauso schwerfallen.

Ein psychologisches Experiment

Der Mannheimer Psychologe Fritz Strack untersuchte den Zusammenhang zwischen Körpersprache und Stimmung, indem er zwei Versuchsgruppen Cartoons zeigte. Die Teilnehmer der einen Gruppe mussten dabei einen Stift mit den Lippen, die anderen Probanden mussten ihn mit den Zähnen festhalten. Was meinen Sie: Wie reagierten die Versuchspersonen auf die Bildgeschichten? Die Teilnehmer mit dem Stift zwischen den Zähnen fanden die Cartoons zum Lachen – die anderen nicht. Sie fragen sich, warum? Dann probieren Sie es doch selbst einmal aus:

- Klemmen Sie sich einen Stift zwischen die Zähne, ohne dass Ihre Lippen ihn berühren. Was passiert? Genau – Ihre Mundwinkel zeigen nach oben, als ob Sie lachen. Und automatisch bessert sich Ihre Laune.
- Versuchen Sie dann, den Stift nur mit den Lippen zu halten. Ist Ihnen jetzt zum Lachen? Wahrscheinlich nicht – denn bei dieser Mimik sind Ihre Lachmuskeln blockiert und Ihr Hirn erhält keinen Befehl, fröhlich zu sein.

Dass Körpersprache nicht nur Stimmungen hervorrufen, sondern auch Gefühle blockieren kann, zeigen Ihnen weitere Übungen.

So blockieren Sie mit Ihrem Körper Gefühle

- Ziehen Sie Ihre Augenbrauen so hoch wie möglich, sodass Sie ganz große Augen bekommen, und versuchen Sie dann, wütend zu sein und auch so zu wirken. Wahrscheinlich müssen Sie bei diesem vergeblichen Unterfangen über sich selbst lachen.
- Ebenso wenig werden Sie es schaffen, einen negativen Gedanken zu fassen, während Sie mit den Augen rollen und mit der Zunge über Ihre Lippen fahren.
- Ganz leicht gelingt es Ihnen hingegen, Ärger zu zeigen, wenn Sie die Augenbrauen zusammenziehen. Aber können Sie dabei auch lachen oder an etwas Schönes denken?
- Jetzt beißen Sie ganz fest die Zähne zusammen und denken Sie positiv. Kaum möglich, oder?

Körper und Seele suchen Einklang

Die Seele auszutricksen funktioniert, wie Sie sehen, prima. Auch wenn es sich zuerst vielleicht ein bisschen so anfühlt, als ob Sie sich selbst etwas vorspielen – Ihre Stimmung wird sich nach einiger Zeit immer auf den Körper einstellen. Aber wie ist es möglich, dass Ihre Haltung, Gestik oder Mimik Ihre Stimmung manipulieren kann? Ganz einfach: Ihr Körper verbindet mit bestimmten Signalen bestimmte Gefühle. Bei einer entsprechenden Muskelbewegung wird daher Ihr hormonelles System aktiviert und sorgt dafür, dass sich ein Körperausdruck tatsächlich auf Ihre Stimmung auswirkt. Der Grund? Körper und Seele sind stets bemüht, im Einklang zu sein.

Nutzen Sie die Wirkung von Körpersprache

Wenn Sie Ihre Stimmung durch bestimmte Verhaltensweisen beeinflussen können, warum sollten Sie sich diesen Effekt nicht zunutze machen? Etwa um Ihr seelisches Wohlbefinden zu steigern. Oder um negative in positive Stimmungen umzuwandeln. Um Grillen zu verscheuchen und auf positive Gedanken zu kommen, gibt es einige einfache Tricks:

So programmieren Sie sich positiv

- Greifen Sie dem Gefühlszustand, den Sie anstreben, mit Ihrer Körpersprache voraus:
  - Sie möchten relaxen? Dann verhalten Sie sich müde. Lassen Sie die Schultern hängen, entspannen Sie alle Muskeln und sagen Sie sich selbst, dass Sie erschöpft sind.
  - Sie suchen den Weg aus einem Stimmungstief? Dann bringen Sie Ihren Körper auf Spannung. Straffen Sie Ihre Haltung, heben Sie den Kopf und atmen Sie kräftig ein und aus. Schon bald werden Sie sich um einiges energiegeladener fühlen.
- Sich eine schöne Erinnerung, ein besonders erfreuliches Erlebnis ins Gedächtnis zu rufen, kann Wunder wirken. Denken Sie zurück: Wie haben Sie sich in diesem Moment gefühlt, wie haben Sie sich verhalten, wie war Ihre Körperhaltung? Durchleben Sie den Moment noch einmal, mit derselben Körperhaltung und denselben Glücksgefühlen.

Gute Laune steckt an
Übrigens: Wenn Sie es immer wieder schaffen, sich in eine gute Stimmung zu versetzen, wirken Sie auch mitreißend auf andere. Wer selbst positiv gestimmt ist, kann auch andere begeistern – zum Beispiel bei einer Präsentation oder einem Vortrag.

Körpersprache ist unsere elementarste Form der Kommunikation:

- *Bei einer ersten Begegnung entscheiden körperliche Signale zu über 90 Prozent darüber, ob zwei Menschen miteinander harmonieren oder nicht.*
- *Nur wenn Ihre körperliche und Ihre gesprochene Sprache im Gleichklang sind, wirken Sie authentisch und überzeugend.*
- *Stimmungen, Gefühle und Erfahrungen wirken sich – positiv oder negativ – auf Ihre Körpersprache aus.*
- *Umgekehrt können Sie durch entsprechende Gestik oder Mimik Ihre Stimmung beeinflussen: Eine offene Körperhaltung und eine freundliche Mimik lassen positive Gedanken aufkommen, während negative Körpersignale eine gedrückte Stimmung erzeugen.*

1.5 Fallen Sie positiv auf!

Sie kennen folgende Situation: Sie sind auf ein Event eingeladen und betreten einen Raum mit vielen fremden Leuten. Nach nur wenigen Augenblicken sind Ihnen bestimmte Personen sympathisch und andere bemerken Sie erst gar nicht richtig. Der Grund: Auch im größten Trubel ist unsere Beurteilungsmaschine immer aktiv. In dem Augenblick, in dem Sie die Partygäste zum ersten Mal sehen, sind 100 Milliarden Nervenzellen aktiv. Schon ein einziges Signal, wie zum Beispiel ein spitzes Kichern, ein unsicherer Blickkontakt oder eine arrogante Macho-Pose, drängt uns dazu, diese Person danach zu beurteilen. Der viel zitierte erste Eindruck entsteht zwischen sagenhaften 150 Millisekunden und 90 Sekunden. Und dieser erste Eindruck ist entscheidend. Warum? Wer als sympathisch eingestuft wird, dem wird gleichzeitig Kompetenz zugeschrieben. Wer im ersten Moment unsympathisch wirkt, dem wird nicht selten Inkompetenz unterstellt, und er muss viele Argumente liefern, um sein Können zu beweisen.

Auch der zweite Eindruck zählt!
Innerhalb dieses kurzen Moments des ersten Eindrucks geht es vorläufig um die Kategorien „Bist du mir sympathisch oder nicht?". Schaffen wir es, in den Augen des Betrachters sympathisch zu wirken, dann tritt der nächste Prozess in Gang: Laut einer Studie des Max-Planck-Instituts für Verhaltenspsychologie nehmen wir eine Person dann in den nächsten vier Minuten genauer unter die Lupe und achten dabei – wenn auch unbewusst – auf ganze 102(!) Beobachtungsdimensionen.

Ein Beispiel:
Was glauben Sie, worauf wir in diesen vier Minuten – wohlgemerkt unbewusst – zuerst achten? Nehmen wir zum Beispiel eine Begegnung im Club, bei einem Kun-

denmeeting, in der Schlange eines Supermarktes, beim Bäcker oder sonst irgendwo. Ein Mann oder eine Frau kommt auf uns zu, fragt uns vielleicht etwas und wir unterhalten uns mit ihm/ihr. Was denken Sie, passiert jetzt? Folgendes:

- In der **ersten Minute** schätzen wir das Alter unseres Gegenübers, checken die Figur und wissen für uns, ob wir diesen Menschen attraktiv finden oder nicht.
- In der **zweiten und dritten Minute** mustern wir Details wie den Oberkörper, die Hände, schauen uns die Körperhaltung an, hören genau auf Stimme und Tonfall.
- In der **vierten Minute** wissen wir dann spätestens, ob wir diesen Menschen anziehend finden oder nicht. Hier haben unsere Gefühle entschieden, ganz ohne Rücksicht darauf, ob es schon einen Mann oder eine Frau in unserem Leben gibt.

So sichern Sie sich Sympathiepunkte

Vieles an unserem Auftreten gibt uns unser Naturell vor, und das ist auch gut so! Eine aufgesetzte Körpersprache würde nur gekünstelt wirken und unser Gegenüber nicht überzeugen. Trotzdem können Sie versuchen, durch einige körpersprachliche „Kniffe“ Ihre positive und vor allem sympathische Wirkung zu steigern. Befolgen Sie ganz einfach ein paar „goldene Sympathie-Regeln“:

Lachen Sie!

Nichts wirkt sympathischer als ein ehrliches Lächeln! Achten Sie deshalb darauf, dass Sie nicht nur die

Mundwinkel nach oben ziehen, sondern auch mit den Augen lachen. Damit das funktioniert, verbannen Sie Ihre negativen Gedanken und ersetzen Sie diese durch positive. Oder denken Sie einfach an eine lustige Begebenheit. Es lohnt sich, denn eine Umfrage hat ergeben, dass 68 Prozent der Deutschen anhand des Lächelns entscheiden, ob sie ihr Gegenüber anziehend finden oder nicht.

Das heißt: Menschen, die häufig lachen und lächeln, wirken sympathischer und strahlen mehr Selbstbewusstsein und Lebensfreude aus. Menschen mit Humor kommen besser an. Sie meistern ihre Karriere spielerisch und sind häufig erfolgreicher als notorische Miesepeter. Der Grund: Wissenschaftler haben herausgefunden, dass schon ein absichtliches Lächeln oder ein bloßes Stirnrunzeln positive neurologische und somit auch hormonelle Reaktionen erzeugt. Ein glückliches Lächeln oder ein nicht zu unterdrückendes Lachen steigert die Blutzufuhr zum Gehirn und fördert das Fröhlichsein. Im Gegensatz dazu verringert ein trauriger oder zorniger Gesichtsausdruck die Zufuhr von sauerstoffhaltigem Blut. So entsteht ganz schnell ein Teufelskreis von gedrückter Stimmung und Depression. Lachen ist also die beste Medizin und wirkt sich außerdem noch positiv auf unsere Gesundheit aus.

Lachen ist gesund

Lachforscher haben herausgefunden, dass eine Minute echtes Lachen genauso erfrischend wirkt wie 45 Minuten Entspannungstraining. Schon 20 Sekunden Lachen entsprechen daher der körperlichen Leistung von drei Minuten Rudern.

Beachten Sie stets die Grundregeln einer guten Körpersprache, um eine möglichst sympathische und kompetente Wirkung zu erzielen:

- *Haltung zeigen! Selbstsicherheit strahlen Sie durch einen sicheren Stand aus, bei dem beide Füße in Beckenbreite stehen. So vermitteln Sie gute Bodenhaftung.*
- *Kopfhaltung prüfen! Halten Sie Ihren Kopf immer gerade. So wirken Sie selbstsicher und neutral. Aber Vorsicht mit dem Kinn! Recken Sie es zu weit nach oben, wirken Sie automatisch arrogant und unsympathisch.*
- *Arme öffnen! Verschränkte Arme signalisieren Ablehnung. Auch wenn diese Haltung bequem ist, vermeiden Sie sie und öffnen Sie sich stattdessen!*
- *Distanz wahren! Jeder Mensch lebt in seiner persönlichen „Raumblase", die für eine gewisse Distanzzone sorgt. In der Regel entspricht unser persönlicher „Sicherheitsabstand" einer Armlänge. Personen, die uns vertrauter sind als andere, gewähren wir allerdings mehr Nähe. Wenn Sie also jemanden noch nicht so gut kennen, respektieren Sie unbedingt seine Distanzzone. Sie laufen sonst Gefahr, aufdringlich zu wirken.*

2. Die Körperhaltung – Ihre Visitenkarte

Haben Sie schon einmal beobachtet, wie mancher Jugendliche durchs Leben geht? Mit schlurfendem Gang, hängenden Schultern, vorgeschobenem Bauch und gesenktem Kopf? Was glauben Sie, woran das liegt?

2.1 Wissenswertes über Körperhaltung

Nichts spiegelt unsere Persönlichkeit so direkt wider wie unsere Körperhaltung. Gestik und Mimik tragen zwar auch individuelle Züge, sind aber dennoch größtenteils situationsbedingt. Die Art und Weise, wie wir stehen, gehen und sitzen, lässt dagegen einige Rückschlüsse auf unser Innenleben zu.

Der jugendliche Körper sucht noch Halt

Wie erklärt sich also die Körperhaltung vieler Jugendlicher? Nun, Sie können sich doch sicherlich noch erinnern, wie Sie sich in diesem Alter gefühlt haben, in dem sich so vieles verändert und man noch keine rechte Ahnung davon hat, wohin der eigene Weg gehen soll. Das heißt: Die eigene Persönlichkeit ist noch nicht ausgereift und gefestigt. Ebenso ist es mit der Körperhaltung, der es noch an Selbstbewusstsein fehlt. Sobald diese Orientierungsphase vorüber ist, verändert sich auch die eigene Haltung – und wird zur Visitenkarte der Persönlichkeit. Schon im Eingangskapitel haben Sie erfahren, was es bedeutet, wenn jemand aufrecht oder im wahrsten Sinne des Wortes gebeugt durchs Leben geht. Lesen Sie nun, was andere Ihnen beim Stehen, Sitzen oder Gehen mitteilen.

2.2 Richtig stehen will gelernt sein

Schon indem Sie beobachten, wie jemand steht, können Sie ein wenig erahnen, um was für einen Persönlichkeitstyp es sich bei diesem Menschen handelt:

Was der „Standpunkt" verrät

- Jemand, der nicht still stehen kann, ständig von einem Bein aufs andere steigt, hat keinen festen Standpunkt. Diese Person ist nicht sehr selbstsicher und steht nicht zu ihrer Meinung oder ändert diese oft.
- Wenn andererseits jemand eine Haltung annimmt, als wäre er festgemauert, und sich kaum bewegt, ist das ein Zeichen dafür, dass dieser Mensch sehr festgefahren und unflexibel ist – sowohl in seiner Körperhaltung als auch in seinen Gedanken.
- Was eine gebeugte Körperhaltung verrät, wissen Sie bereits. Ein Mensch, der mit hängenden Schultern und gesenktem Kopf dasteht, ist sprichwörtlich niedergedrückt und lustlos – hat keinerlei Energie.
- Ganz anders verhält es sich bei jemandem, der aufrecht steht, die Brust hebt und geradeaus blickt – seinen Körper also auf Spannung bringt. Diese Haltung strahlt Selbstbewusstsein und Selbstvertrauen aus und gibt viel Handlungsfreiheit.

Der kleine Unterschied im Stehen

Ist Ihnen schon einmal aufgefallen, dass Frauen, wenn sie im Stehen ihr Gewicht auf ein Bein verlagern, oft das linke Bein als Standbein wählen, Männer dagegen das rechte? Vermutlich nicht. Die Erklärung: Unsere beiden Hirnhälften beeinflussen die jeweils entgegengesetzte Körperhälfte. Unsere rechte Gehirnhemisphäre ist für „typisch weibliche" Eigenschaften wie Kreativität oder Emotionalität verantwortlich. Für „klassische männliche" Fähigkeiten wie Logik oder analytisches Denken ist die linke Hirnhälfte zuständig. Aus diesem Grund konzentrieren sich Frauen angeblich eher auf ihre linke Körperhälfte, Männer auf die rechte. Diese Regel gilt heute weniger eindeutig für Männer oder Frauen; Sie können aber vom bevorzugten Standbein eines Menschen – unabhängig von dessen Geschlecht – Rückschlüsse darauf ziehen, ob derjenige eher ein Gefühls- oder ein Verstandesmensch ist.

Der Krone-Erbse-Trick – die optimale Körperhaltung

Schon im ersten Kapitel ging es darum, wie viel Einfluss die richtige Körperhaltung haben kann. Bleibt die Frage: Wie gelangen Sie zur optimalen Standposition? Ganz einfach – mit dem Krone-Erbse-Trick:

- Der Abstand zwischen Ihren Füßen sollte ungefähr Ihrer Hüftbreite entsprechen. Zusammengestellte Füße wirken unsicher, zu weit auseinandergestellte Füße unseriös.
- Ihre Schultern ziehen Sie leicht nach hinten. Nach vorne hängende Schultern wirken lust- und kraftlos.
- Verteilen Sie das Gewicht gleichmäßig auf beide Beine und Füße. Ständig das Standbein zu wechseln wirkt unsicher und macht Ihre Gesprächspartner oder Zuhörer nervös.
- Jetzt stellen Sie sich vor, Sie hätten eine Erbse im Hintern und eine Krone auf dem Kopf.

Mit diesen imaginären Hilfsmitteln erhalten Sie erstens die nötige Körperspannung und entgehen zweitens der Gefahr, das Kinn nach oben zu strecken. Dadurch erschienen Sie anderen nicht nur arrogant und unsympathisch – Ihnen würde auch die Krone vom Kopf rutschen.

So stehen Sie richtig vor anderen

Sie müssen vor mehreren Leuten sprechen oder etwas präsentieren und möchten nicht, dass man Ihre Nervosität bemerkt? Gegen Lampenfieber helfen meist ganz einfache Körperübungen, die Sie mental beruhigen und gleichzeitig Ihre Haltung lockern:

- Sie sind geistig angespannt? Dann spannen Sie auch Ihren Körper an – und zwar jeden einzelnen Muskel! Halten Sie diese Spannung kurz an und lassen Sie los, während Sie kräftig ausatmen. Wenn Sie diese Übung zwei bis drei Mal wiederholen, schwindet nicht nur die körperliche, sondern auch die seelische Anspannung.
- Wahrscheinlich können Sie sich nicht mehr erinnern, wie es war, als Sie ein Baby waren und Ihre Mutter Sie in den Schlaf wiegte. Schade, denn dann wüssten Sie noch, wie beruhigend diese Bewegung sein kann. Trotzdem können Sie sich diesen Effekt zunutze machen. Stellen Sie sich dafür mit beiden Beinen fest auf den Boden und pendeln Sie ganz leicht vor und zurück. Sowohl Ihr Pulsschlag als auch Ihre Atmung werden sich verlangsamen und Ihre Aufregung wird abflauen.

Wohin mit den Armen?

Sie kennen jetzt die optimale Standposition, wenn es darum geht, vor Leuten zu sprechen oder etwas zu präsentieren – doch was machen Sie mit Ihren Armen? Für dieses Problem gibt es zwei Lösungen:

1. Die Arme hängen – so wie es am natürlichsten ist – seitlich am Körper herunter.
2. Sie legen in Höhe der Gürtellinie beide Hände locker ineinander.

Das Entscheidende bei beiden Möglichkeiten ist, dass Ihre Hände sofort einsatzbereit sind, wenn Sie handeln oder etwas mit Gesten verdeutlichen müssen.

Die Don'ts beim Stehen

- Hände hinter dem Rücken: Diese Haltung wirkt zurückhaltend und passiv.
- Hände in den Hosentaschen: Versteckte Hände können bedrohlich wirken oder auch unsicher.
- „Elfmeter-Pose“: Unsicher wirkt auch, wer seine Hände mit den Innenflächen zum Körper gewandt in Höhe der Gürtellinie zusammenhält.
- Hände in die Hüften gestemmt: Wer so steht, möchte mehr Platz beanspruchen und wirkt dominant.

Mit einer imaginären Krone auf dem Kopf und einer Erbse im Hintern stehen Sie optimal – die Arme lassen Sie dabei locker hängen. Gegen Nervosität und Verkrampfung hilft der Wechsel von Muskelanspannung und -entspannung.

Übrigens:

Eine selbstbewusste Haltung – ob im Sitzen oder Stehen – hängt unter anderem auch von Ihrem Outfit ab. Wählen Sie auf jeden Fall Kleidung, in der Sie sich wohl fühlen, die zu Ihrem Typ passt und die der Situation angemessen ist. Denn: Müssen Sie sich über Ihr Outfit keine Gedanken machen, haben Sie den Kopf frei für das Gespräch mit Ihren Kollegen und wirken nicht verkrampft, weil Sie ständig an sich herumzupfen.

2.3 Sitzen Sie gut?

Nicht allein durch unsere Haltung beim Stehen, sondern auch durch die Art, wie wir sitzen, geben wir viel von uns preis. Gerade in Gesprächssituationen – ganz gleich ob geschäftlich oder privat – kann Ihnen die Sitzhaltung Ihres Gegenübers dessen Stimmung und Meinung verdeutlichen. Einige Beispiele:

Was die Sitzhaltung verrät

- Ihr Gesprächspartner neigt den Oberkörper leicht nach vorne? Damit signalisiert er Interesse an Ihnen und dem, was Sie sagen.
- Der andere dreht Ihnen die Schulter zu? Wahrscheinlich hat er Ihnen gegenüber (noch) kein Interesse oder (noch) kein Vertrauen.
- Wer den Oberkörper zurücklehnt, hat entweder eine kritische oder ablehnende Haltung bezüglich Ihrer Aussagen, oder aber er hat sich von Ihnen überzeugen lassen und sich von seinen eigenen Ideen verabschiedet.
- Wendet sich der Gesprächspartner mit seinem Oberkörper zur Seite, weicht er einem Vorschlag förmlich aus.
- Wer den Kopf leicht schräg hält, zeigt seine schwache Stelle – die Halsschlagader. Begleitet von einem Lächeln bedeutet dieses Signal: „Du kannst mir vertrauen!"
- Sitzt jemand nur auf der vordersten Stuhlkante, können Sie relativ sicher sein, dass er „auf dem Sprung ist". Diese Person hat keine Zeit und ist daher auch nicht sehr aufnahmefähig für das, was Sie sagen.
- Handlungsbereitschaft demonstriert, wer die gesamte Stuhlfläche nutzt, wenn dabei seine Unter-

schenkel eine senkrechte Linie bilden oder die Füße nach hinten zeigen.

- Wer seine Beine nach vorne ausstreckt, fühlt sich wohl und sicher und hat nicht vor, schnell aufzustehen – was aus dieser Position heraus auch gar nicht möglich ist.
- Bei übereinandergeschlagenen Beinen ist besonders interessant, in welche Richtung das übergeschlagene Bein sich wendet. Zeigt es zum Gesprächspartner hin, ist das zustimmend zu deuten.
- Sind beide Beine fest zusammengepresst, ist diese Person eher unsicher.

Wohin mit den Armen?

In Gesprächssituationen müssen Sie meist nicht handeln, brauchen Ihre Hände in dieser Zeit also nicht. Meistens legen Sie Ihre Arme daher entspannt auf den Stuhllehnen ab oder legen sie locker in den Schoß. Eine weitere Möglichkeit ist, die Arme vor dem Körper zu verschränken. Fälschlicherweise wird diese Haltung oft automatisch als defensiv interpretiert. Das muss aber gar nicht der Fall sein. Auch wenn verschränkte Arme ein mögliches Signal sind, um Ablehnung zu demonstrieren, bedeutet diese Position in erster Linie lediglich, dass die betreffende Person momentan nicht zu handeln braucht, sondern abwartet, was passiert. Trotzdem ist diese Pose gerade in Geschäftsgesprächen nicht zu empfehlen. Warum, hat eine Studie aus den USA eindrucksvoll gezeigt:

Verschränkte Arme mindern die Aufnahmefähigkeit

Amerikanische Studenten wurden aufgefordert, während einer Vorlesung mit verschränkten Armen und gekreuzten Beinen dazusitzen. Das Ergebnis: Diese Studenten nahmen 38 Prozent weniger Informationen auf als ihre Kommilitonen, die dem gleichen Vortrag in offener Haltung zugehört hatten. Eine scheinbar defensive Körperhaltung wirkt also nicht nur generell verschlossen, sondern beeinträchtigt zudem unsere Fähigkeit, Wissen aufzunehmen.

Bewegung macht auch geistig munter
Besonders bei geschäftlichen Besprechungen oder Verhandlungen passiert es oft, dass nach stundenlangem Sitzen am runden Tisch die Kommunikation in eine Sackgasse gerät, weil die einzelnen Gesprächsteilnehmer auf ihren Standpunkten beharren. Das muss nichts mit Starrsinn zu tun haben. Der Grund: Muss der Körper lange Zeit in einer Position – sitzend – verharren, nimmt auch die geistige Flexibilität ab. Die Lösung: Schaffen Sie Möglichkeiten, die Position zu wechseln und sich zu bewegen – zum Beispiel mit einer kurzen Kaffeepause. Auf diese Weise kann nicht nur der Körper, sondern auch der Geist gelockert werden.

Sitzen Sie möglichst offen ohne verschränkte Arme und übergeschlagene Beine. So sind Sie aufnahmefähig und wirken kommunikativ auf andere statt verschlossen.

2.4 So „geht's"

Neben dem richtigen „Standpunkt" ist auch ein souveräner und natürlicher Gang entscheidend, um bei anderen einen sympathischen und kompetenten Eindruck zu hinterlassen. Wie bei der optimalen Haltung sollten Sie sich auch beim Gehen stets bemühen, den Körper aufrecht zu halten. Ein aufrechter Gang strahlt Offenheit und Selbstsicherheit aus. Jemandem, der mit hängenden Schultern durch die Gegend schlurft, trauen wir wenig Energie oder „Rückgrat" zu. Auch eine stocksteife Gangart ist nicht empfehlenswert. Damit wirken Sie verkrampft und unflexibel.

So treten Sie richtig auf

Um in der Öffentlichkeit und besonders im Berufsleben selbstbewusst aufzutreten, gilt es darüber hinaus, ein paar wichtige Regeln zu beachten:

- Wenn Sie auf ein bestimmtes Ziel zugehen – ein Rednerpult, eine andere Person oder eine Gruppe von Menschen –, bewegen Sie sich zielstrebig. Ihre Schrittlänge sollte Ihrer Körpergröße angemessen sein (also weder Trippel- noch Riesenschritte) und das Tempo normal (also weder rennen noch schleichen). Achten Sie darauf, dass Sie während des Gehens ruhig atmen.
- Bleiben Sie beim Betreten eines Raums nicht schüchtern auf der Türschwelle stehen. Sie erwecken dadurch den Eindruck, als ob Sie am liebsten gleich wieder flüchten wollten. Treten Sie einige Schritte in den Raum hinein, orientieren Sie sich kurz und steuern Sie dann Ihr Ziel an – sei es ein Sitzplatz, eine Person oder etwas anderes.

Mit dem richtigen Abstand fahren Sie am besten

Stellen Sie sich vor, jemand geht auf Sie zu und bleibt erst kurz vor Ihrer Nasenspitze stehen. Wie würden

Sie reagieren? Sie würden automatisch Ihre Muskeln anspannen und schließlich zurückweichen. Warum? Weil Sie sich bedroht und unwohl fühlen. Jeder von uns hat mehrere Distanzzonen – je nachdem, mit wem wir konfrontiert werden. Respektiert jemand diesen Privatraum nicht, reagiert unser Körper instinktiv mit Abwehr. Insgesamt werden drei Distanzzonen unterschieden, die ein Mensch für sich beansprucht:

Drei Distanzzonen

1. *Die Intimzone*
   Sie beschreibt ungefähr den Radius von einer Armlänge um unseren Körper herum. Der Zutritt zu diesem Bereich ist ausschließlich uns nahestehenden Menschen – also Eltern, Kindern, Lebensgefährten – erlaubt. Dringt eine fremde Person (unfreiwillig) in diese Zone ein – zum Beispiel im vollen Fahrstuhl oder im überfüllten Bus –, gehen wir dadurch auf Distanz, dass wir direkten Blickkontakt meiden und stattdessen auf den Boden oder in die Ferne schauen.
2. *Die persönliche Zone*
   Sie reicht von der Grenze unserer Intimzone bis zu einer Länge von ungefähr 1,20 Meter. Auf dieser Distanz begegnen wir Familienmitgliedern, Freunden und Bekannten.
3. *Die soziale Zone*
   Diese Zone reicht vom Rand der persönlichen Zone bis etwa 3 Meter weit. Diesen Abstand wahren wir, wenn wir eine unserer sozialen Rollen einnehmen, zum Beispiel als Angestellter, Vorgesetzter, Käufer oder Verkäufer.

Übrigens: Kommt jemand frontal auf Sie zu, ist Ihr Distanzbedürfnis größer, als wenn sich Ihnen jemand seitlich nähert. Auf diesem Weg fühlen Sie sich weniger angreifbar.

Ein aufrechter Gang strahlt Selbstsicherheit aus. Passen Sie Ihre Schritte Ihrer Körpergröße an und gehen Sie zielstrebig auf Personen oder Orte zu. Respektieren Sie unbedingt das Distanzbedürfnis anderer. Auch Ihnen gefällt es vermutlich nicht, wenn Ihnen jemand „auf die Pelle rückt".

2.5 Flirtsignale

In manchen Situationen ist es für Sie besonders hilfreich, die Körpersprache Ihrer Mitmenschen deuten zu können. Nämlich dann, wenn Sie es mit Personen zu tun haben, die Sie kaum oder gar nicht kennen. So zum Beispiel bei einem neuen Geschäftskontakt oder wenn Sie privat eine neue Bekanntschaft machen. Insbesondere natürlich dann, wenn Sie einen besonders guten Eindruck machen wollen, weil der andere Ihnen wichtig ist – oder weil er Einfluss hat. Wie fühlen Sie sich bei einem ersten Date? Vermutlich aufgeregt, nervös und unsicher. Unsicher, weil Sie nicht wissen: Was geht im Kopf des anderen vor? Wie wirke ich auf mein Gegenüber? Mache ich irgendetwas falsch? Manche dieser Fragen lassen sich vielleicht beantworten, wenn Sie in solchen Situationen aufmerksam auf die Körpersprache des anderen achten. Bestimmte Signale zeigen Ihnen zum Beispiel, ob jemand Sie – wenn auch (noch) unbewusst – als potenziellen Partner sieht:

Positive Zeichen beim ersten Date

- Ein gutes Zeichen ist es, wenn jemand Ihre Nähe sucht. Wenn er zum Beispiel beim Sitzen leicht den Oberkörper in Ihre Richtung neigt oder ein übergeschlagenes Bein in Ihre Richtung zeigt.
- Männer nehmen gerne eine „stramme" Haltung ein, mit erhobener Brust und eingezogenem Bauch, wenn sie Stärke demonstrieren und Eindruck machen wollen. Die gleiche Bedeutung hat eine breitbeinige Sitzposition, die viel Raum beansprucht.
- Wenn Frauen sich von ihrer besten Seite zeigen, halten sie sich aufrecht, die Schultern gerade und werfen ihr Haar nach hinten, wodurch Hals und Gesicht besser zur Geltung kommen. Das soll zum einen attraktiv wirken, vor allem aber ihre verwundbarste Stelle – die Halsschlagader – präsentieren. Damit signalisieren sie ihre Schwäche und wecken so den männlichen Beschützerinstinkt.
- Auch was die Sitzposition betrifft, versuchen Frauen, möglichst gut auszusehen. Besonders anmutig wirkt es zum Beispiel, wenn die Knie sich berühren und die Beine leicht schräg gestellt sind.

Je mehr sich Ihnen jemand zuwendet, desto größer ist sein Interesse, Sie kennen zu lernen. Nimmt Ihr Gegenüber eine der oben beschriebenen Haltungen ein, stehen Ihre Sterne gut.

Ihre Körperhaltung ist Ihre Visitenkarte:

- *Halten Sie sich aufrecht – ob Sie stehen, sitzen oder gehen.*
- *Die optimale Standhaltung erreichen Sie mit dem „Krone-Erbse-Trick". Dabei heben Sie die Brust und den Scheitelpunkt und straffen Bauch und Po.*
- *Lassen Sie im Stand die Arme ruhig hängen. Ihre Hände sollten stets sichtbar sein.*
- *Sitzen Sie offen und wenden Sie sich Ihrem Gesprächspartner zu. Die Neigung des Körpers oder auch des Fußes in Richtung des Gegenübers zeugt von Anteilnahme.*
- *Achten Sie beim Gehen auf ein angemessenes Tempo (nicht zu schnell, nicht zu langsam) und feste Schritte.*
- *Nehmen Sie in Gesprächen körperliche Sympathiebekundungen Ihres Gegenübers wahr, beispielsweise einen zur Seite geneigten Kopf.*
- *Bei aller Körperspannung – bleiben Sie beweglich, nicht steif.*

3. Gestik – was Ihre Hände erzählen

Haben Sie schon einmal mit jemandem kommuniziert, der während des Gesprächs seine Hände nicht bewegte? Wohl kaum. Denn Gesten sind ein fester Bestandteil unserer Kommunikation, den wir meist unbewusst steuern.

3.1 Das 1x1 der Gestik

Unsere Gestik ist eine eigene kleine Sprache. Mehr als 5000 unterschiedliche Gesten existieren weltweit. In erster Linie dienen sie dazu, das, was wir sagen, zu bekräftigen oder zu ergänzen. Manchmal können bestimmte Bewegungen der Arme oder Hände aber auch Aufschluss darüber geben, was eine Person wirklich denkt, ob sie vielleicht sogar lügt. Wir sprechen in diesem Fall von „verräterischen Gesten".

Jeder Mensch gestikuliert natürlich anders – abhängig von Alter, Geschlecht, Nationalität oder dem persönlichen Temperament. Einige allgemeine Regeln können Ihnen trotzdem dabei helfen, etwas über Ihren Gesprächspartner zu erfahren:

Was die Gestik verrät

- Achten Sie darauf, welche Hand eine Person zum Gestikulieren einsetzt, denn dafür sind ebenfalls – wie schon bei der Wahl des Standbeins im vorherigen Kapitel (Seite 26) – unsere unterschiedlichen Gehirnhälften verantwortlich. Benutzt jemand die rechte Hand, lässt das auf eine sehr vernünftige Persönlichkeit schließen. Wird stattdessen mit der linken Hand gestikuliert, deutet das auf einen Gefühlsmenschen hin.
- Informativ ist auch die Richtung der Gesten: Bei offenherzigen, zugänglichen und aufrichtigen Men-

schen führen Handbewegungen meist vom Körper weg. Der umgekehrte Fall lässt sich bei verschlossenen, zurückhaltenden Personen beobachten.
- Selbstsicherheit drückt sich vor allem in kraftvollen und bestimmten Gesten aus. Wer eher nervös und unkoordiniert gestikuliert – sich beispielsweise kratzt oder an sich herumzupft –, offenbart Anspannung und Unsicherheit. Extrem schüchtern wirkt jemand, der kaum oder gar nicht gestikuliert.
- Jemand, der die Hände aneinanderreibt oder sich über den Arm streicht, offenbart damit ein Bedürfnis nach persönlicher Zuwendung, behilft sich aber gezwungenermaßen mit dieser Ersatzgeste, weil gerade niemand da ist, an den er sich wenden könnte.

Unsere Hände sind unsere wichtigsten Werkzeuge, ohne die wir die einfachsten Alltagstätigkeiten nicht ausüben könnten. Daher ist es auch nicht weiter verwunderlich, dass sie auch in unserer Kommunikation unverzichtbar sind. Denn Handgesten können sehr viel über unsere Emotionen und Gedanken und auch über die unseres Gegenübers verraten:
- Fest zusammengepresste und an den Körper angelegte Hände lassen auf Unsicherheit und Frustration schließen.
- Zusammengedrückte Hände, die in Richtung des Gegenübers weisen, wollen überzeugen oder freundlich eine Sache untermauern.
- Zu einem Dach geformte Hände signalisieren, dass sich der Gesprächspartner seines Wissens und seiner selbst sehr sicher ist.
- Auch wenn Ihr Gesprächspartner die Hände locker

hinter dem Rücken zusammenlegt, fühlt er sich Ihnen überlegen.

- Zeigen die Handflächen nach oben und sind offen, kann der Sprecher sowohl etwas geben als auch etwas nehmen. Er untermauert damit das Gesagte oder bittet unbewusst um Bestätigung.
- Der Griff ums Handgelenk ist meistens ein Ausdruck von Enttäuschung.
- Wandert die Hand dagegen an den Oberarm können Sie davon ausgehen, dass bei dieser Person Wut und Aggression aufkommen.
- Die „Pistole" – man zeigt mit dem Zeigefinger auf sein Gegenüber – gilt ebenfalls als ein Zeichen von Aggression. Diese Geste wirkt außerdem sehr autoritär.
- Werden ineinander verknotete Finger plötzlich wie zu einem Igel aufgestellt, so erkennen Sie darin eine klare Abwehrhaltung.

Kleiner Finger – große Wirkung!

Genauso aufschlussreich und mindestens so vielfältig wie die Gesten, die wir mit den Armen und den Händen zeigen, sind übrigens auch die Bewegungen der einzelnen Finger oder deren Kombination:

Der Daumen

Der Daumen ist der Finger, mit dem wir am meisten Kraft ausüben können – mit dem Daumen können wir im wahrsten Sinne des Wortes etwas aus- oder zerdrücken. Kein Wunder also, dass er auch in körpersprachlicher Hinsicht Macht und Kraft signalisiert und somit auch unter den Fingergesten eine „mächtige" Position innehat.

Der Zeigefinger
Der Zeigefinger ist neben dem Daumen der wichtigste Finger, weil er am häufigsten für Fingergesten genutzt wird. Er gilt dabei generell als ein Symbol für Willens- und Handlungsbereitschaft. Je nach Fingerhaltung variieren die Aussagen der Gesten jedoch stark.

Der Mittelfinger
Der längste unserer Finger wird in der Regel mit Selbstwertgefühl und Stolz in Zusammenhang gebracht.

Der Ringfinger
Der Ringfinger steht, was nicht weiter verwundert, in enger Verbindung mit unseren Gefühlen. Beobachten Sie einmal Menschen in besonders emotionalen Situationen.

Der kleine Finger
Der kleine Finger ist in seiner körpersprachlichen Bedeutung überhaupt nicht so „klein", denn er kann eine Menge verraten. Er gibt Auskunft über die Art einer Beziehung oder die Empfindungen einer Person in einer bestimmten Situation.
Durch die Art, wie jemand gestikuliert, können Sie einiges über seine Persönlichkeit und seine Absichten erfahren. Gefühlsmenschen nutzen eher die linke, Verstandesmenschen eher die rechte Hand. Offene, von der Person wegführende, nach oben verlaufende Gesten deuten auf eine offene, selbstsichere Persönlichkeit hin.

3.2 Positive und negative Gesten

Viele Gesten sprechen eine so deutliche Sprache, dass sie keiner weiteren Erklärung bedürfen. Wir alle wissen, was es bedeutet, wenn jemand die Hand zur Faust ballt und den Daumen dabei gerade nach oben streckt. Und uns allen ist klar, was eine Person denkt, die sich mit dem Zeigefinger an die Schläfe tippt. Als positiv oder negativ können jedoch auch viele harmlose Gesten empfunden werden, deren Wirkung unserem Gegenüber und auch uns selbst oft gar nicht bewusst ist. Trotzdem können sie den Eindruck, den wir während eines Gesprächs vermitteln, beeinflussen. Werden Sie sensibel für solche kleinen Gesten – dann können Sie Ihre Wirkung auf Ihre Gesprächspartner entscheidend verbessern und die Absichten Ihres Gegenübers leichter einschätzen.

Die Don'ts bei der Gestik

Achten Sie besonders darauf, Gesten mit einer negativen Aussage zu vermeiden:

- Nicht sichtbare Hände erwecken keinen guten Eindruck. Werden sie in den Hosentaschen vergraben, wirkt das gleichgültig. Wer die Hände hinter dem Rücken oder unter dem Tisch versteckt, scheint etwas verbergen zu wollen, was der andere als wenig vertrauenswürdig empfindet.
- Gesten, die unterhalb der Taille stattfinden, wirken stets abwertend.
- Wer Hand- und Armbewegungen von oben nach unten führt, scheint etwas ablehnen, verwerfen oder wegdrücken zu wollen und wirkt daher eher

pessimistisch. Eine Hand, die von oben kommt, vermittelt außerdem einen befehlenden Eindruck.

- Den gleichen unangenehmen Effekt hat das Zeigen mit dem Zeigefinger oder mit einem Stift. Finger oder Stift wirken dominant und bedrohlich – fast wie eine Waffe – und daher unsympathisch.
- Verschränkte Arme und nach vorne weisende Handrücken vermitteln Verschlossenheit.
- Entschuldigende Gesten wie Schulterzucken und gleichzeitiges Heben der Hände mit den Innenflächen nach oben erscheinen hilflos und wenig souverän.

Die Dos bei der Gestik

Wer es schafft, negative Gesten zu umgehen, wird in jedem Fall einen neutralen Eindruck bei seinen Mitmenschen hinterlassen. Mithilfe einiger bestimmter positiver Gesten ist es nicht schwer, noch dazu sympathisch und vertrauenswürdig auf andere zu wirken.

- Hände sollten immer sichtbar sein, um dem Gesprächspartner Sicherheit zu vermitteln.
- Gesten, die oberhalb der Taille ablaufen, wirken positiv und aufwertend.
- Hand- und Armbewegungen, die von unten nach oben führen, zeigen und wecken Interesse oder sogar Begeisterung.
- Generell vermitteln offene Gesten, etwa nach oben zeigende Handinnenflächen, Offenheit, signalisieren die Bereitschaft, etwas zu geben, aber auch etwas anzunehmen. Dies kann unter anderem dann wichtig sein, wenn Sie jemandem ein geschäftliches Angebot unterbreiten.

Gesten müssen passen – zu Ihnen und zur Situation
Wenn Sie nun in Zukunft versuchen, Ihre Aussagen mit möglichst positiven Gesten zu untermalen, sollten Sie eines immer bedenken: Ihre Gestik muss zu Ihrer Persönlichkeit passen und außerdem der jeweiligen Situation angemessen sein. Sind Sie ein eher sachlicher, etwas zurückhaltender Mensch, könnte es unfreiwillig komisch wirken, wenn Sie plötzlich anfingen, wild zu gestikulieren. Umgekehrt passen zu einem extravertierten Typ keine zaghaften, schüchternen Bewegungen. Auch der Rahmen ist entscheidend. Große, überschwängliche Gesten wirken etwas übertrieben, wenn Sie nur mit zwei Personen kommunizieren. Sprechen Sie dagegen vor einer größeren Zahl von Menschen, sollten Ihre Bewegungen so deutlich sein, dass jeder Ihre Gestik erkennen und verstehen kann.

Sensibilisieren Sie sich für positive und negative Gesten, denn mit kleinen Bewegungen können Sie Ihre Wirkung auf andere entscheidend beeinflussen. Generell gilt: Offene, nach oben führende Gesten oberhalb der Taille wirken positiv. Beachten Sie dabei, dass Ihre Gestik zu Ihrem Persönlichkeitstyp und zur Situation passen muss.

3.3 Die richtige Begrüßung

Der erste Eindruck zählt! Diesen Satz hören Sie immer wieder und merken ebenso oft, dass diese Feststellung nicht aus der Luft gegriffen ist. Nach nur wenigen Sekunden bilden wir uns ein Urteil über einen Menschen, der uns bis dato fremd war. Kein Wunder also, dass auch die Bedeutung des Händedrucks beim ersten Aufeinandertreffen nicht unterschätzt werden sollte. Gerade im Geschäftsleben können Sie durch die Art der Begrüßung so manches über Ihr Gegenüber erfahren – seine Absichten, sein Selbstbild und seine Einstellung. Viele Psychologen sind sogar der Meinung, dass vom richtigen Händedruck der Erfolg oder Misserfolg eines Geschäftes abhängen kann.

Was der Händedruck verrät

- Ein fester Händedruck lässt auf einen ebenso festen, selbstsicheren Charakter schließen.
- Ein lascher Händedruck, bei dem die Finger nicht gestreckt werden und die andere Hand nicht richtig gegriffen wird, deutet dagegen auf einen unsicheren Menschen hin.
- Setzt jemand zur Begrüßung seine ganze Hand ein, sodass die Hände tief ineinandergreifen, signalisiert er damit: „Ich bin für alles offen!"
- Wer beim Händeschütteln einen Hohlraum zwischen den Handinnenflächen formt, ist zwar prinzipiell offen, will aber im Moment noch nicht alles von sich preisgeben.
- Auch jemand, der Ihnen eine steife Hand oder nur seine Finger zur Begrüßung reicht, möchte (noch) auf Distanz bleiben.
- Wer Ihnen nur ein paar Finger entgegenstreckt, ist zwar anwesend, aber nicht emotional beteiligt.
- Drückt jemand Ihren Handrücken bei der Begrüßung nach unten, haben Sie es mit einem dominanten Charakter zu tun.
- Bestimmend wirkt auch jemand, der mit seiner frei-

en Hand zusätzlich Ihren Unterarm greift. Dieser Mensch will Sie führen.

- Dagegen zeigt jemand, der seine freie Hand auf die Oberseite Ihrer Begrüßungshand legt, Ihnen seine emotionale Wertschätzung.
- Bei der so genannten „Gebrauchtwarenhändler-Attitüde“ wird die entgegengestreckte Hand seitlich mit beiden Händen gegriffen. Auf diese Weise soll eine scheinbare Vertrautheit erzeugt werden, was jedoch eher unsympathisch wirkt.

Wichtig: Beachten Sie stets die Distanzzone
Auf jeden Fall sollten Sie die Distanzzone der Person respektieren, die Sie begrüßen. Das bedeutet: mindestens eine Armlänge Abstand!

Bei einer neutralen Begrüßung halten Sie Ihre Hand senkrecht, nicht zu steif und nicht zu locker. Der Händedruck sollte weder zu schwach noch zu kräftig sein.

3.4 Verräterische Gesten

Erinnern Sie sich noch, wie Sie sich als Kind beim Flunkern selbst verraten haben? Richtig! Sie haben die Hand vor den Mund gehalten, als wollten Sie die Lüge nachträglich verhindern. Mit dem Erwachsenwerden gewöhnen wir uns diese offensichtliche Geste natürlich ab – ein unbewusster Reflex bleibt uns aber erhalten. Zum Vorschein kommt dieser Reflex, wenn wir nicht das sagen, was wir wirklich denken, oder jemanden regelrecht belügen. In solchen Situationen halten wir uns nicht mehr die Hand vor den Mund – wir entlarven uns stattdessen durch so genannte „verräterische Gesten“. Achten Sie in Gesprächen einmal darauf, ob Ihr Partner denkt, was er sagt, und kontrollieren Sie Ihre eigene Gestik. Vermutlich sind auch Ihnen schon folgende verräterische Gesten unterlaufen:

Gesten, bei denen Vorsicht geboten ist

- Generell deuten alle Gesten, bei denen jemand sein Gesicht oder den Hals berührt, nachdem er etwas gesagt hat, darauf hin, dass er nicht alles oder nicht die Wahrheit gesagt hat. Bei solchen Bewegungen wird der Reflex, die Hand vor den Mund zu halten, umgelenkt und der Betreffende kratzt sich stattdessen zum Beispiel an der Nase.
- Auch unruhige Körperbewegungen – Herumzappeln oder nervöses Herumspielen mit Schmuckstücken oder Gegenständen – sind ein Zeichen dafür, dass jemand nicht so recht zu dem steht, was er sagt.
- Wer Ihnen verbal seine Zustimmung zu etwas gibt (etwa einen Vorschlag von Ihnen annimmt), gleichzeitig aber eine wegwerfende Geste macht, zeigt: Ich bin nicht wirklich einverstanden. Das kann sich darin äußern, dass er ein Staubkorn von seiner Kleidung schnipst, einen Stift oder einen anderen Gegenstand weglegt oder sich mit der Hand über den Mund fährt.
- „Ich bin für alles offen.“ – Wer dies beteuert, dabei jedoch die Hände verknotet, ist nicht wirklich glaubwürdig.
- Wenn Ihr Gegenüber sich ans Ohrläppchen greift, während Sie reden, ist er wahrscheinlich nicht un-

bedingt einverstanden mit dem, was Sie sagen. Eine solche Geste wird auch als „Bestrafungsgeste“ bezeichnet.

- Jemand, der, während er spricht, mit seinen Haaren spielt oder die Hand auch beim Reden vor den Mund hält, macht einen unsicheren und schüchternen Eindruck.
- Wer verspricht, etwas zu erledigen, sich um etwas zu kümmern oder zu helfen, während seine Arme verschränkt sind oder die Hände in den Hosentaschen stecken, hat nicht wirklich vor, in Aktion zu treten.

Vorsicht: Wenn Sie sich ins Gesicht oder an den Hals fassen, nachdem Sie etwas gesagt haben, wird Ihr Gesprächspartner – wenn auch unbewusst – misstrauisch werden. Und das sollten Sie umgekehrt auch sein. Ablenkende oder wegwerfende Gesten verraten, dass jemand nicht wirklich meint, was er sagt.

3.5 Noch mehr Flirtsignale

Sie haben bereits im Kapitel über Körperhaltung einige Signale kennen gelernt, die Ihnen beim Flirten (oder auch bei einer persönlichen Geschäftsanbahnung) hilfreich sein können. Achtung: Einige Gesten, die Sie eben noch als „verräterisch“ eingeordnet haben, besitzen in einer Flirt-Situation eine ganz andere Bedeutung.

Gesten, die Sympathie bekunden

- Männer berühren sich häufig im Gesicht, wenn sie die Frau, mit der sie kommunizieren, attraktiv finden.

- Aufschlussreich ist auch die Art und Weise, wie Männer die Hand ihrer Partnerin halten. Wer nur die Fingerspitzen streift, geht (noch) auf Abstand. Verschränkt er jedoch seine Hand mit ihrer, beweist er damit ein Gefühl der Verbundenheit und Intimität.
- Frauen tendieren dazu, Menschen, an denen sie interessiert sind, häufig zu berühren – vor allem an den Oberarmen.
- Durch Wegschnipsen von Fusseln oder Glattstreichen der Kleidung zeigt jemand im „Flirt-Kontext" lediglich, dass er gut und gepflegt aussehen möchte.

Darüber hinaus verrät die Gestik von Männern und Frauen auch, was für ein Partnerschafts-Typ sich hinter einer Person versteckt:

Macho oder Softie ...

- Steckt ein Mann die Hände in die Hosentaschen, möchte er zwar cool wirken, ist aber nicht wirklich souverän.
- Fasst er sich an die Ellbogen, ist Vorsicht geboten. Die Situation überfordert ihn und er fühlt sich hilflos. Er ist auf der Suche nach einer Frau, die ihm stets unter die Arme greift.
- Auf den Rücken gelegte Hände sind ein gutes Zeichen. Dieser Mann ist selbstbewusst und hat alles im Griff.
- Legt ein Mann den Zeigefinger an die Wange und den Mittelfinger ans Kinn, widmet er einer Frau seine ganze Aufmerksamkeit und ist noch dazu in der Lage, auch mal Fehler zuzugeben.

... Ihre Traumfrau – die Gestik zeigt's

- Eine Frau, die permanent unruhig und nervös gestikuliert, ist ein eher unentschlossener Typ und vielleicht nicht dauerhaft interessiert.
- Großes Interesse zeigen dagegen Frauen, die mit ihren Haaren spielen und sich Locken um den Finger wickeln. Diese Geste lässt außerdem auf einen sehr sinnlichen und gefühlvollen Menschen schließen.

Durch die Art, wie sich jemand bewegt, zeigt er viel von seiner Persönlichkeit und von seiner momentanen Stimmung:

- *Gesten, die nach oben und vom Körper wegführen, lassen auf Optimismus und Offenheit schließen.*
- *Verschlossene Menschen gestikulieren wenig und eher zu sich hin.*
- *Gesten unterhalb der Taille wirken unseriös.*
- *Ein fester Händedruck verrät eine selbstsichere Persönlichkeit, ein lasches Händchen eher das Gegenteil.*
- *Wenn jemand trotz zustimmender Worte an seiner Kleidung nestelt, mit Gegenständen spielt oder sich an Kopf oder Hals berührt, ist Vorsicht geboten: Dieser Mensch steht nicht zu dem, was er sagt.*
- *Beim Flirten gilt hingegen: Verspielte Gesten und Berührungen im Gesicht deuten auf Interesse und Sympathie.*

4. Mimik – das Spiegelbild der Seele

Die Regeln der menschlichen Mimik sind eine Wissenschaft für sich. Weder unsere Körperhaltung noch unsere Gestik können so intensiv und differenziert Auskunft über Stimmungen, Gefühle oder Erfahrungen geben. Verantwortlich dafür ist vor allem die Tatsache, dass nirgendwo sonst im menschlichen Körper so viele Muskeln – insgesamt sind es 43 – auf so kleiner Fläche anzutreffen sind wie im Gesicht. Diese Ausstattung ermöglicht ein variationsreiches Mienenspiel, bei dem einzelne Gesichtsausdrücke sich oft nur in minimalen Nuancen unterscheiden.

4.1 Das A und O der Mimik

250.000 Gesichtsausdrücke weltweit dienen Menschen aus den verschiedensten Ländern dazu, die momentane Gefühlslage ihrer Mitmenschen zu erkennen. Mimische Botschaften, die universal – also unabhängig von Person, Geschlecht, Nation oder Kultur – sind, gibt es allerdings nur einige wenige. Sie beschreiben sozusagen die Grundemotionen des Menschen und sind für uns nicht schwer zu entschlüsseln:

Elf Grundemotionen im Spiegel der Mimik

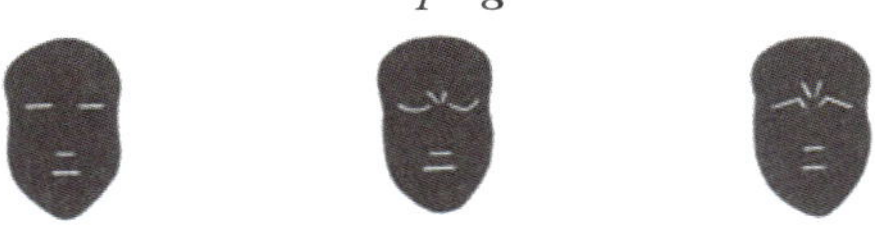

Ruhe | Nachdenken | Trotz

Diese elf Gesichtsausdrücke zu interpretieren ist deshalb so einfach, weil es sich um eindeutige Aussagen handelt. Sie gelten unabhängig von der Situation, in der sich jemand befindet. Bei vielen mimischen Reaktionen ist hingegen der Kontext, in dem die Kommunikation stattfindet, ein entscheidendes Kriterium, um die Mimik einer Person korrekt zu deuten. Trotzdem gibt es einige Signale, die Ihnen die Deutung erleichtern.

So erkennen Sie Ablehnung – und reagieren darauf
Stellen Sie sich vor, Sie hätten einer Person einen Vorschlag unterbreitet oder ein Angebot gemacht und warteten nun auf deren Zustimmung. Ihre Chancen stehen schlecht, wenn Ihr Gegenüber die Lippen fest zusammenpresst und dabei den Kopf aufrecht und starr hält. Dies signalisiert schlimmstenfalls Wut und in jedem

Fall fehlendes Einverständnis. Denn wer den Mund verschließt, ist momentan nicht aufnahmefähig. Auch eine Person, die die Nase rümpft und die Augen zusammenkneift, während sie jemandem zuhört, signalisiert damit unmissverständlich, dass sie mit dem Gesagten nicht einverstanden ist. Durch das Verengen des Sichtfeldes nehmen wir unbewusst Abstand zu dem, was wir hören. Was tun in so einer Situation? Machen Sie deutlich, dass Sie vertrauenswürdig sind, indem Sie den Kopf leicht schräg halten und dabei lächeln. So zeigen Sie sich verwundbar und brechen die Anspannung Ihres Gegenübers.

... und so Zustimmung

Zieht dagegen Ihr Gesprächspartner die Augenbrauen hoch, während Sie ihm etwas erzählen, können Sie davon ausgehen, dass Ihre Ausführungen auf Interesse stoßen. Der Grund? Über das, was uns interessiert, möchten wir automatisch mehr erfahren. Wir ziehen daher die Augenbrauen nach oben, unsere Augen werden größer und wir können visuell mehr Informationen aufnehmen.

... und Konzentration

Haben Sie schon einmal beobachtet, welchen Gesichtsausdruck Kinder haben, wenn sie gebannt vor dem Fernseher sitzen? Genau! Der Blick ist fokussiert und der Mund steht offen. Diese Mimik ist ein Zeichen dafür, dass sie momentan weder handeln müssen noch handeln wollen, denn ihre ganze Aufmerksamkeit ist auf eine Sache gerichtet. Ein so gebannt schauendes Kind wird auf Fragen oder gar Vorwürfe der Mutter nicht reagieren – denn es kann in diesem Moment gar nicht handeln. Das beweist ein kleines Experiment: Lassen Sie den Unterkiefer hängen und versuchen Sie, 13 x 4 auszurechnen. Sie werden sich ganz schön anstrengen müssen.

Falten offenbaren Anstrengung

Dass eine bestimmte Mimik die Handlungsfähigkeit einschränken kann, beweist ein weiteres Beispiel: Haben Sie nicht auch schon einmal am Schreibtisch gesessen, stundenlang über irgendeinem Problem gegrübelt und sind trotzdem nicht vorangekommen? Würden Sie in solchen Situationen die eigene Mimik kontrollieren, würden Sie feststellen, dass Sie immer stärker die Stirn runzeln, um unbewusst die geistige Anstrengung zu verdeutlichen. Gerade diese Mimik blockiert Sie allerdings nur noch mehr, denn dem Gehirn signalisiert sie Verunsicherung. Die Folge: Sie denken immer kritischer und unflexibler, bis Sie in eine mentale Sackgasse geraten. Um dort wieder herauszukommen, hilft nur eins: Entspannen Sie Ihre Gesichtszüge!

Lesen Sie von den Lippen!

Doch nicht nur die Augen verraten einiges, wenn es darum geht, die Mimik unseres Gegenübers zu entziffern. Auch der Mund kann vieles ausdrücken – und das nicht nur beim Reden. Die Form, Spannung und Haltung der Lippen geben so manches preis:

- Wenn Ihr Gegenüber hochgezogene Mundwinkel hat, besitzt er ein heiteres und fröhliches Gemüt.
- Nach unten gezogene Mundwinkel dagegen zeigen eher eine traurige, kummervolle Grundeinstellung.

- Ein Mensch mit vollen Lippen hat häufig starke Gefühlsregungen und lebt diese auch aus – egal, ob Freude, Trauer oder Zorn.
- Feine, kleine Lippen deuten darauf hin, dass diese Person zu differenzierten, sinnlichen Gefühlen fähig ist – ganz nach dem Motto: Mehr Qualität als Quantität!
- Eine dominante Unterlippe lässt auf einen Menschen schließen, der impulsiv reagiert und gegebenenfalls auch abwertend agiert. „Zuerst erleben, dann bewerten!“, lautet hier die Devise.
- Jemand mit einer dominanten Oberlippe hingegen ist herzlich, feinfühlig und zu intensiven Gefühlen fähig.
- Wer beispielsweise die Lippen zu einer Schnute formt, prüft eine Angelegenheit noch oder schiebt eine Entscheidung erst einmal weg.
- Leckt sich jemand genüsslich die Ober- und Unterlippe, dann gefällt ihm ein Sachverhalt oder er genießt eine Situation.
- Fährt er sich jedoch mit der Zunge nur über die Unterlippe, denkt er nach.
- Ein Mensch mit entspannten Lippen ist auch insgesamt locker und kann daher sowohl souverän als auch flexibel handeln.
- Ein geschlossener Mund und fest zusammengepresste Lippen dagegen zeigen, dass die betreffende Person nicht bereit ist, etwas aufzunehmen. Sie macht daher gedanklich wie auch körpersprachlich „zu“ und hält an ihrer Entscheidung fest.
- Hat sich diese Person dabei gegen eine Sache – zum Beispiel Ihr Angebot – entschieden und wehrt diese

ab, können Sie das daran erkennen, dass sie ihre Unterlippe nach vorne schiebt.

- Schiebt Ihr Gesprächspartner seine Zunge nach vorne, schiebt er auch gedanklich etwas von sich weg.
- Zieht sich beim Lachen nur ein Mundwinkel nach oben, so kann das bei Ihrem Gegenüber auf einen inneren Zwiespalt oder auch auf Sarkasmus hindeuten.
- Sind die Lippen gespannt und zurückgezogen, zieht sich der andere entweder ängstlich zurück oder er wird gerade wütend und zornig.

Kleiner Exkurs: Wie ist die Kopfhaltung?
Nicht nur der Mimik, also dem Gesichtsausdruck unseres Gegenübers sollten wir übrigens unsere Aufmerksamkeit schenken – auch die Haltung des Kopfes selbst kann viel aussagen:

- Wird der Kopf gerade gehalten und befindet sich in frontaler Ausrichtung zum Gegenüber, kann das als Signal für Kampfbereitschaft gesehen werden. Ist zusätzlich noch der Blick nach oben gerichtet, heißt das: „Ich habe den Überblick."
- Ein seitlich geneigter Kopf dagegen lässt auf ein harmonisches Verhältnis schließen und bedeutet grundsätzlich: „Du kannst mir vertrauen."
- Doch durch weitere Nuancen bekommt diese Haltung eine ganz andere Geltung. Seien Sie deshalb auch aufmerksam für Varianten! Geht zum Beispiel der Blick von unten nach oben, zeigt sich eine Stirnfalte und zieht sich dazu noch eine Augenbraue hoch, ist Ihr Gegenüber eher misstrauisch.

Machen Sie sich locker
Untersuchungen haben bewiesen, dass „Dauergrinser“ einfallsreicher sind als „Stirnrunzler“. Wer seine Mimik lockert, löst auch geistige Anspannung und riskiert keine Falten. Ihre Gesichtsmuskulatur kann ab und zu eine Lockerungsübung vertragen. Hier ein einfaches

3-Schritte-Programm:

1. Legen Sie Ihre Stirn in Falten und lösen Sie die Spannung wieder.
2. Kneifen Sie Ihre Augen fest zu und öffnen Sie sie wieder.
3. Rümpfen Sie für einige Sekunden die Nase und machen Sie einen Schmollmund.

Wiederholen Sie alle Übungen mehrmals und lachen Sie ruhig herzhaft über die Grimassen: Das macht glücklich!

Es gibt unzählige mimische Ausdrucksmöglichkeiten. Trotzdem lassen sich Grundemotionen wie Schmerz, Freude oder Überraschung kulturübergreifend leicht erkennen. Ablehnung können Sie beispielsweise an einem fest geschlossenen Mund, Zustimmung an großen Augen ablesen. Achtung: Wenn Sie Ihre Mimik entspannen, entspannen Sie auch Ihre Gedanken.

4.2 Positive und negative Mimik

Der visuelle Eindruck, den wir hinterlassen, bleibt länger im Gedächtnis haften als der verbale. Was Ihre Mimik betrifft, sollten Sie daher – ebenso wie bei Ihrer Gestik – darauf achten, negative Wirkungen zu vermeiden:

Die Don'ts bei der Mimik

- Die meisten Menschen tendieren zu einem verärgerten und missmutigen Gesichtsausdruck, wenn sie unter Stress stehen. In solchen Situationen ein Lächeln aufzusetzen kann helfen, die geistige Anspannung zu mindern und eine lockere, sympathische Ausstrahlung zu erreichen.
- In einer Beziehung kann ein Schmollmund ein wirksames Mittel sein, den Partner umzustimmen und zu etwas zu überreden. Im öffentlichen Leben ist dieser Gesichtsausdruck jedoch fehl am Platz und sollte deshalb vermieden werden.
- Das Gleiche gilt für das Herausstrecken der Zunge. Solche Mimik ist niveaulos.
- Nicht sehr sympathisch wirkt ein schiefes Lächeln, bei dem nur ein Mundwinkel angehoben wird. Wenn Sie eine solche Miene aufsetzen, wirken Sie nicht nur unecht, sondern zynisch und arrogant.
- Generell sollten Sie nicht versuchen, Ihre Mimik bewusst zu verändern. Sie würden damit nur eine gekünstelte und somit unsympathische Wirkung erzielen.

Bitte lächeln!

Ein Garant für eine durch und durch positive und sympathische Ausstrahlung ist der einfachste mimische Ausdruck schlechthin – ein Lächeln. Aber echt muss es sein! Ziehen Sie nicht einfach die Mundwinkel nach oben – lächeln Sie mit dem ganzen Gesicht. Hochgezogene Wangen, kleine Fältchen um die Augen und gesenkte Augenbrauen, die das Lächeln begleiten, sind ein sicheres Zeichen dafür, dass Fröhlichkeit nicht vorgetäuscht wird. Der Vorteil eines fröhlichen Gesichtsausdrucks: Auch ein bewusstes Lächeln bewirkt im Körper eine positive neurophysiologische und somit hormonelle Reaktion. Sie mimen gute Laune und werden dadurch gut gelaunt. Ein einfacher Trick, die eigene Stimmung in Sekunden zu bessern.

Nicken wirkt!

Ein Körpersignal, das ebenfalls immer positiv wirkt – ganz besonders zum Beispiel in Verhandlungssituationen –, ist ein zustimmendes Kopfnicken. Durch ein aufmunterndes Nicken spornen Sie Ihren Gesprächspartner zum Weiterreden an und signalisieren ihm Aufmerksamkeit und Bestätigung. Verstärken können Sie diese Geste, indem Sie Ihr Zuhören noch mit entsprechenden sozialen Geräuschen wie „Aha“ oder „Hm“ untermauern.

In unserem Kulturkreis bedeutet ein Nicken Zustimmung. Wenn wir eine Sache bejahen, sagen wir in der Regel nicht nur „Ja“, sondern machen gleichzeitig eine zustimmende Kopfbewegung. Beobachten Sie einmal Politiker oder eine Talkrunde im Fernsehen: Wenn Menschen ihre Meinung kundtun, nicken sie automatisch mit dem Kopf. Gewinnen sie dadurch neue „Verbündete“ in der Gesprächsrunde, nicken diese mit der Zeit ebenfalls mit. Wenn Sie also Ihren Verhandlungspartner überzeugen möchten, dann nicken Sie ganz leicht mit dem Kopf, während Sie ihm Ihre Ausführungen unterbreiten. Dadurch können Sie nämlich die Wahrscheinlichkeit erhöhen, dass er Ihnen zustimmt. Ob Ihr Gegenüber dann tatsächlich Ihrer Meinung ist, erkennen Sie ebenfalls an einem Kopfnicken, bevor er sich verbal äußert.

Flirtsignale
Schenkt Ihnen Ihr Gegenüber ein freundliches Lächeln, ist das in jedem Fall ein gutes Zeichen. Ganz entscheidend ist dabei der Blickkontakt. Wenn jemand Sie länger als einen Gedanken lang anblickt, signalisiert er damit eindeutig sein Interesse.

Achten Sie darauf, in Stresssituationen nicht griesgrämig dreinzuschauen. Entspannen Sie Ihre Mimik und Ihre Gedanken. Setzen Sie keinen künstlichen Gesichtsausdruck auf – Sie wirken sonst unecht. Vor allem: lächeln Sie!

4.3 Ein Blick genügt

„Ein Blick sagt alles“ oder „ein Blick spricht Bände“ – die Art und Weise, wie wir jemanden anschauen oder wie sich unser Blick in einer bestimmten Situation verändert, sagt manchmal mehr als viele Worte. Begegnen Sie einem Menschen, können gerade die ersten Sekunden, in denen Sie nur per Blickkontakt kommunizieren, entscheidend sein. Je nachdem, wie Sie jemanden anblicken, können Sie auf diesen sympathisch oder unsympathisch wirken.

Was Blicke sagen
- Einen freundlichen und offenen Blick erreichen Sie am besten mit einem kleinen Lächeln. Ein solcher Blickkontakt, der ungefähr einen Gedanken lang dauert, signalisiert Interesse am anderen und zeugt von einem vertrauenswürdigen, selbstsicheren Charakter.

- Mit einem flüchtigen Blick zeigen Sie: Sie haben den anderen gesehen und respektieren ihn.
- Schauen Sie angestrengt auf den Boden, vermitteln Sie den Eindruck, als seien Sie nicht an Ihrer Umwelt interessiert, sondern in sich zurückgezogen.
- Wenn Sie Ihr Gegenüber „keines Blickes würdigen" und ständig am anderen vorbeischauen, werden Sie als arrogant und überheblich empfunden.
- Mehr als unangenehm ist ein „durchbohrender" Blick. Wer einen anderen lange und intensiv anstarrt, verunsichert diesen und erweckt in ihm den Wunsch, dem Blick zu entfliehen.
- Wenn Sie Brillenträger sind: Vermeiden Sie den Blick über die Brille. Sie wirken sonst wie ein strenger Lehrer, was gerade im Geschäftsleben keinen sehr sympathischen Eindruck macht.
- Jemanden mit zusammengekniffenen Augen zu fokussieren, signalisiert Aggression und Angriffslust. Einen solchen Blick empfindet niemand als angenehm.

Der „böse Blick"

Ein fokussierender Blick wirkt sich auch auf Ihre Stimmungslage aus. Achten Sie einmal darauf, wie sich Ihre Nackenmuskulatur verhärtet und Ihr Atem flacher wird, wenn Sie den „bösen Blick" aufsetzen. Ihrem Gehirn signalisiert diese Haltung, dass eine potenzielle Gefahr droht – Sie machen sich kampfbereit und sind angespannt. Diesen Effekt können Sie ganz leicht testen – indem Sie Ihren Blick fokussieren und versuchen, zur Seite zu schauen. Es wird Ihnen kaum möglich sein. Ebenso schwer wird es Ihnen fallen, in dieser Position schneller zu atmen, mit hoher Stimme zu sprechen oder den Kopf zur Seite zu neigen.

Vergessen Sie nicht: Ein leichtes Lächeln erzeugt automatisch einen freundlichen Blick.

4.4 Verräterische Mimik

Sie wissen bereits, dass Ihre Körperhaltung und Ihre Gesten Sie in manchen Situationen regelrecht entlarven können. Das Gleiche gilt für Ihre Mimik, mit der Sie zum Beispiel beim Flirten unbewusst Signale senden – oder zu erkennen geben, dass Sie nicht sagen, was Sie wirklich denken.

Was die Mimik verrät

Schon kleinste Zuckungen Ihrer Gesichtsmuskulatur oder ein Augenblinzeln können bei Ihrem Gegenüber den Eindruck erwecken, Sie würden etwas vortäuschen oder verheimlichen. Anhand folgender Hinweise können Sie sehen, ob Ihr Gesprächspartner vielleicht nicht die volle Wahrheit sagt:

- Er zwinkert auffällig häufig mit den Augen.
- Sein Gesichtsausdruck wirkt unecht, etwa durch ein breites Grinsen.
- Er vermeidet den Blickkontakt, kann Ihnen buchstäblich „nicht in die Augen sehen".
- Er schließt häufig die Augen.

Unser Gesicht hat 43 Muskeln – das ist Rekord im menschlichen Körper. Daher sind die mimischen Ausdrucksmöglichkeiten des Menschen nahezu unbegrenzt und – kulturell bedingt – sehr verschieden. Trotzdem helfen Ihnen ein paar einfache Regeln, Ihre Mitmenschen zumindest im Ansatz zu durchschauen:

- *Ein verschlossener Gesichtsausdruck, etwa zusammengepresste Lippen und ein starrer Blick, signalisiert eindeutig Ablehnung.*
- *Ein Lächeln ist dann echt, wenn auch die Augen lächeln (zu erkennen an den kleinen Fältchen) und nicht nur der Mund verzogen wird.*
- *Hochgezogene Augenbrauen zeigen Erstaunen und Interesse.*
- *Genauso wie bei Körperhaltung und Gestik können Sie durch Ihre Mimik Ihre Stimmung beeinflussen: Wenn Sie lächeln, bessert sich automatisch Ihre Laune, eine finstere Miene hingegen deprimiert.*

5. Kulturelle Unterschiede in Sachen Körpersprache

In Sachen Körpersprache gibt es keine Patentrezepte. Egal wie eindeutig uns eine bestimmte Geste oder Mimik erscheint, viele Faktoren sind für die korrekte Interpretation eines Körpersignals notwendig. Zu diesen gehört neben Alter und Geschlecht auch die kulturelle Herkunft der betreffenden Person. Wie sehr dieser Aspekt Einfluss auf die Körpersprache nehmen kann, zeigt schon allein die Tatsache, dass sich bei zweisprachigen Menschen auch Haltung, Gestik und Mimik ändern, wenn die Sprache gewechselt wird.
Zu welchen Missverständnissen die fehlende Kenntnis einer fremden Körpersprache führen kann, zeigt folgendes Beispiel: Ein amerikanischer Rechtsanwalt begleitete den Gouverneur seines Staates nach Japan. Dort hielt er vor hohen japanischen Beamten eine Ansprache. Er beendete den Vortrag und war überzeugt davon, seine Zuhörer so gelangweilt zu haben, dass sie eingeschlafen waren.
Was er nicht wusste: Die Augen zu schließen und leicht mit dem Kopf zu nicken gilt in Japan als Zeichen von höchster Aufmerksamkeit.

5.1 Die richtige Begrüßung in aller Welt

Was meinen Sie? Was würde passieren, wenn Sie jemandem zur Begrüßung Ihre Füße auf den Kopf stellten? Ihr Gegenüber wäre wahrscheinlich nicht sehr begeistert – es sei denn es handelte es sich um ein Mitglied des südindischen Volksstammes der Toda.

(Dort ist dies die übliche Art, niederstehende Stammesmitglieder zu begrüßen.) Gemäß der Volksweisheit „andere Länder – andere Sitten" gelten je nach Kultur unterschiedlichste Begrüßungsriten:

- Die Hände zu schütteln, den Hut abzunehmen oder den Hut zu berühren ist außer in Europa auch in Amerika üblich.
- Per Handkuss begrüßt man sich in Mitteleuropa und Lateinamerika auch heute noch.
- In Großbritannien begnügt man sich mit einem leichten Kopfnicken.
- Chinesen verbeugen sich zur Begrüßung.
- In Indien und Südostasien dagegen faltet man die Hände.
- Marokkaner pflegen sich gegenseitig die Hände zu küssen.

Die Art der Begrüßung in den einzelnen Staaten hängt von der jeweiligen Kultur ab. Informieren Sie sich vorab, welche Riten üblich sind und ob Sie lieber die Hand reichen oder aber einen Handkuss zelebrieren sollten.

5.2 Zustimmung und Ablehnung

Wie Sie wissen: Einige „Körpersprache-Vokabeln" lernen wir bereits in unserem ersten Lebensjahr. Vor allen Dingen das Nicken und Kopfschütteln, um etwas zu bejahen oder zu verneinen. In den meisten Teilen der Welt werden diese beiden Signale auch verstanden. Trotzdem gibt es einige kulturelle Ausnahmen:

- Um Zustimmung zu signalisieren, wird beispielsweise in Indien, Pakistan und Bulgarien der Kopf hin und her gewiegt – in Äthiopien dagegen zurückgeworfen.
- Das Zurückwerfen des Kopfes gilt allerdings in arabischen Ländern, in Griechenland, der Türkei und Süditalien als ablehnendes Zeichen.
- Ebenso global verbreitet wie das Kopfschütteln ist die Möglichkeit, mit der Hand bzw. dem Zeigefinger abzuwinken oder die Hände zu überkreuzen, um „Nein" zu sagen.
- In Süditalien und auf Sardinien ist es zu diesem Zweck auch üblich, die Hand am Kinn hochzuschnippen.
- Mit der Hand zu fächeln wird in Japan als ablehnende Geste verstanden.

5.3 Missverständnisse vermeiden

Zahlreiche Gesten, die Sie tagtäglich und ganz selbstverständlich gebrauchen, existieren auch in anderen Kulturen. „Ist doch praktisch", denken Sie jetzt wahrscheinlich. Leider nicht! Denn sehr häufig hat ein und dieselbe Geste in einem fremden Kulturkreis eine völlig andere Bedeutung als hierzulande. Wenn Sie also automatisch davon ausgehen, dass ein und dasselbe Körpersignal auch überall gleich zu deuten ist, kann das mitunter zu peinlichen Missverständnissen führen.

Beispiele, wie unterschiedlich die einzelnen Aussagen einer Geste sein können:

- In Puerto Rico berührt man seinen Gesprächspartner üblicherweise circa 180-mal in der Stunde, in Großbritannien gar nicht. In einer Gesprächssituation könnte ein Engländer sich also belästigt fühlen – der Puerto Ricaner könnte den Eindruck bekommen, er wäre seinem Gegenüber unsympathisch.

- Ein mit Daumen und Zeigefinger geformtes „O" gilt in Nordamerika und Europa als positives und zustimmendes Zeichen. Japaner symbolisieren auf diese Weise Geld. In Frankreich, Belgien und Tunesien erkennt man in dieser Handbewegung die Form einer Null und versteht darunter eine Geste, die etwas als wertlos einordnet. Zu den obszönen, beleidigenden Gesten gehört das „O" in Malta, Tunesien, Griechenland, der Türkei, Russland, Teilen Südamerikas sowie im Nahen Osten.

- Der nach oben zeigende Daumen gilt fast überall als Zeichen der Anerkennung. In Japan versteht man darunter die Zahl Fünf. Eine eher unsachliche Aufforderung zu verschwinden, bedeutet diese Geste dagegen in Australien und Nigeria.

- In nahezu allen Ländern der Welt wird das so genannte „Victory-Zeichen", bei dem Zeige- und Mittelfinger V-förmig nach oben gestreckt werden, als Symbol für „Sieg" oder „Frieden" gedeutet. Nur in Großbritannien und Australien gibt diese Geste jemandem auf sehr unhöfliche Weise zu verstehen, dass er verschwinden soll.

Vermeiden Sie bei Auslandsreisen oder im Umgang mit ausländischen Geschäftspartnern Gesten, bei denen Sie sich nicht sicher sind, welche Bedeutung sie für fremdländische Menschen haben. Gestikulieren Sie in einer solchen Situation sparsam – desto weniger können Sie missverstanden werden.

6. Test: Wie fit sind Sie in Sachen Körpersprache?

Nun ist es an Ihnen! In den letzten 30 Minuten haben Sie einiges über Körperhaltung, Gestik und Mimik erfahren.
Mit diesem kleinen Test können Sie jetzt überprüfen, ob Sie schon „fließend“ Körpersprache sprechen.

Ein paar Hinweise vorab:
Um die nachfolgende Übung durchzuführen, sind fünf wichtige Faktoren zu beachten:

1. Es handelt sich meistens um Situationen, die bei den Gesprächspartnern zu „Verspannungen“ führen (Bewerbungsgespräch, Verhandlungsgespräch etc.).
2. Grundsätzlich sind körperliche Gebrechen ausgeschlossen.
3. Es handelt sich meist um unbewusste Körpersignale.
4. Die Aussagen gelten nur für den deutschsprachigen Raum.
5. Es handelt sich nicht um spezielle Angewohnheiten der Gesprächspartner.

	Wenn der Gesprächspartner/die Gesprächspartnerin:	**Das ist ein Hinweis darauf/dafür, dass er/sie:**
1.	die Stirn runzelt	
2.	den Kopf schräg hält	
3.	das Kinn streichelt	
4.	die Augenbrauen hebt	
5.	häufig die Lider bewegt	

6.	bei der Begrüßung einen Hohlraum zwischen den Händen bildet	
7.	bei der Begrüßung auch den Unterarm greift	
8.	seine/ihre Handinnenflächen zeigt	
9.	keinen Blickkontakt hält	
10.	guten Blickkontakt hält	
11.	sich kurz an die Nase greift	
12.	den Mund öffnet	
13.	die Lippen zusammenpresst	
14.	mit dem Oberkörper nach vorne kommt	
15.	den Oberkörper weit zurücklehnt	
16.	die Arme vor der Brust verschränkt	
17.	den Oberkörper zur Seite neigt	
18.	weite Armbewegungen macht	
19.	sich die Hände reibt	
20.	mit dem Bleistift spielt	
21.	die Hand in die Hosentasche steckt	
22.	die Hände in die Hüften stemmt	

23.	das Standbein wechselt	
24.	die Beine übereinander-schlägt zum Gesprächspartner hin bzw. vom Gesprächspartner weg	
25.	die Beine im Sitzen nach vorne streckt	
26.	nur auf der vorderen Stuhlkante sitzt	
27.	die Füße nach hinten nimmt	
28.	die Füße um die Stuhlbeine legt	
29.	die Fußspitze hebt	
30.	die Fußspitze zu einer Raumöffnung richtet	

Und hier die Auflösung.

6.1 Auflösung

1. … in seinen Gedanken nicht weiter kommt oder kritisch über das Gesagte (nach-)denkt.
2. Ihnen zeigen will, wie vertrauenswürdig er/sie ist.
3. einen Vorschlag verwirft, auch wenn er/sie verbal Zustimmung geäußert hat.
4. interessiert ist und mehr erfahren möchte.
5. nervös ist, weil er/sie vielleicht nicht sagt, was er/sie wirklich denkt, oder lügt.

6. noch nicht alles von sich preisgeben will.
7. dominieren und bestimmen möchte.
8. offen ist für alles.
9. kein Interesse am Gespräch hat.
10. Interesse am Gespräch hat.
11. nicht die Wahrheit gesagt hat.
12. im Moment nicht fähig ist, noch mehr Informationen aufzunehmen.
13. im Moment nicht bereit ist, noch mehr Informationen aufzunehmen, oder auf das Gesagte ablehnend bis wütend reagiert.
14. am Gespräch interessiert ist.
15. Ablehnung demonstriert oder überzeugt wurde.
16. momentan keine Notwendigkeit empfindet, zu handeln, oder etwas ablehnend gegenübersteht.
17. einem Vorschlag „ausweicht".
18. ein extrovertierter und aufgeschlossener Mensch ist.
19. ein Bedürfnis nach Zuwendung hat.
20. nervös ist, sich unsicher/unwohl fühlt und evtl. nicht unbedingt zu dem steht, was er/sie sagt.
21. gleichgültig und desinteressiert ist.
22. Überlegenheit demonstrieren will.
23. nicht hundertprozentig zu seiner/ihrer Meinung steht.
24. dem Gesagten zustimmt bzw. anderer Meinung ist.
25. sich wohl fühlt.
26. unruhig und „auf dem Sprung" ist.
27. bereit ist, in Aktion zu treten.
28. unsicher ist und Halt sucht.
29. mit dem Gesagten nicht einverstanden ist.
30. sich unwohl fühlt und am liebsten flüchten würde.

Weiterführende Literatur

- Ekman, Paul: Gefühle lesen. Wie Sie Emotionen erkennen und richtig interpretieren. Heidelberg: Spektrum Akademischer Verlag, 2004.
- Gay, Friedbert und Seiwert, Lothar J.: Das 1x1 der Persönlichkeit. Offenbach: GABAL Verlag, 2000.
- Grillparzer, Marion: Salto vitale. In 24 Stunden das Leben einfach umkrempeln. München: Gräfe und Unzer Verlag, 2004.
- Guss, Kurt: Psychologie. Ein humorvoller Einstieg. Heidelberg: Hüthig, 1997.
- Hierhold, Emil: Sicher präsentieren – wirksamer vortragen. Wien/Frankfurt: Wirtschaftsverlag Ueberreuter, 2000.
- Lyle, Jane: Körpersprache. Sonderausgabe. Bindlach: Gondrom Verlag, 1990.
- Molcho, Samy: Alles über Körpersprache. München: Goldmann, 2002.
- Scherer, Hermann: Von den Besten profitieren. Bd. III. Offenbach: GABAL Verlag, 2003.
- Unternehmen Erfolg und Focus Magazin: FOCUS Forum: Die Erfolgsmacher – Von den Besten profitieren. Frankfurt/New York: Campus Verlag, 2004.
- Watzlawick, Paul, u. a.: Menschliche Kommunikation. Formen, Störungen, Paradoxien. Göttingen: Huber, 1969.

Register

Die Autorin

Monika Matschnig
Expertin für Körpersprache, Wirkung und Performance

Ein lebendiger und überzeugender Vortragsstil und fundiertes Fachwissen prägen die Vorträge, Seminare und Coachings der Expertin für Körpersprache, Wirkung und Performance. Die beliebte Referentin und Buchautorin ist ehemalige Leistungssportlerin und diplomierte Psychologin. Sie doziert an mehreren Universitäten und Akademien. 2007 erhielt sie in der Kategorie „Entertainment und Moderation" den begehrten Conga-Award. Zu ihren Kunden gehören nationale und internationale Unternehmen und Organisationen. Sie begeistert sowohl kleine Gruppen als auch große Säle – und all das, mit einem interaktiven, humorvollen Vortragsstil und einer guten Portion österreichischen Charmes.

Mehr Infos unter www.matschnig.com